WMS-15-030
Solo Alto Saxophone and Piano

MECHA MOTE SERIES

サックスプレイヤーのための新しいソロ楽譜
めちゃモテ・サックス〜アルトサックス〜

愛のテーマ Love Theme

作曲：大野雄二　Yuji Ohno

編曲：萩原 隆、田中和音　Arr. by Takashi Hagihara, Kazune Tanaka

演奏時間：2分50秒

◆ 演奏のポイント ◆

　美しいメロディーがリックスにとても良く合う曲です。情感豊かに演奏したいところですが、演奏にまだ慣れていない方は、伴奏のテンポよりもやや早めのタイミングで先にいってしまうことが多いです。しっかり伴奏を聞いて良いタイミングで演奏ができれば雰囲気も出やすいと思います。
　全曲通してしっとりと演奏する場合もありますが、このアレンジではしっとりと聴かせる所と盛り上げる所に差をつけてメリハリを意識しています。どこがどういう雰囲気が合うか良く研究してみてください。
　2コーラス目の頭はピアノがメロディーをとっていますので、サックスは伴奏のように入っています。そのような箇所はピアノが聞こえなくならないように音量に配慮してみてください。

パート譜は切り離してお使いください。

愛のテーマ
Love Theme

Solo Alto Saxophone and Piano

Yuji Ohno   Arr. by Takashi Hagihara, Kazune Tanaka

© 1977 by NIPPON TELEVISION MUSIC CORPORATION

Winds Score
WMS-15-030

パート譜は切り離してお使いください。

Alto Saxophone

愛のテーマ
Love Theme

Yuji Ohno　Arr. by Takashi Hagihara, Kazune Tanaka

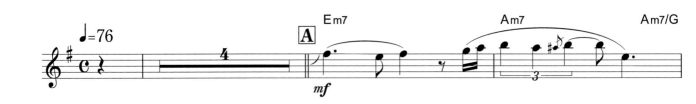

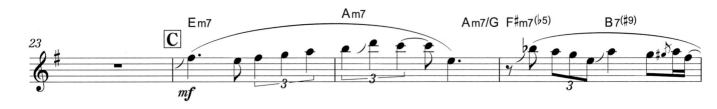

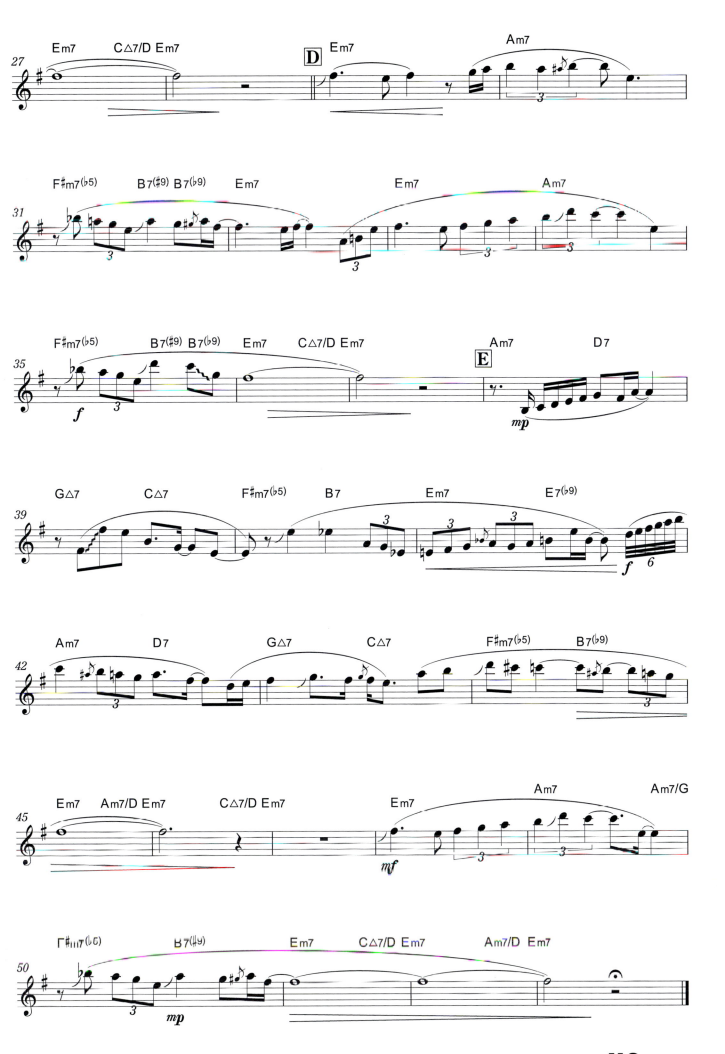

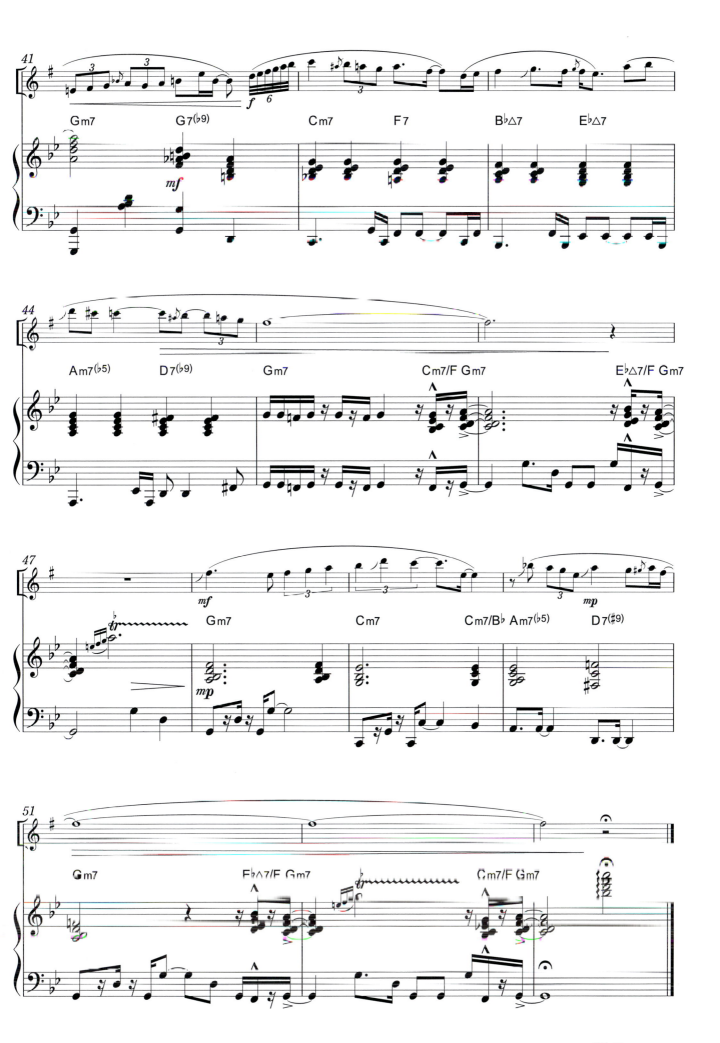

ご注文について

ウィンズスコアの商品は全国の楽器店、ならびに書店にてお求めになれますが、店頭でのご購入が困難な場合、当社WEBサイト・電話からのご注文で、直接ご購入が可能です。

◎当社WEBサイトでのご注文方法

winds-score.com

上記のURLへアクセスし、オンラインショップにてご注文ください。

◎お電話でのご注文方法

TEL.0120-713-771

営業時間内に電話いただければ、電話にてご注文を承ります。

※この出版物の全部または一部を権利者に無断で複製(コピー)することは、著作権の侵害にあたり、著作権法により罰せられます。

※造本には十分注意しておりますが、万一、落丁・乱丁などの不良品がありましたらお取り替えいたします。また、ご意見・ご感想もホームページより受け付けておりますので、お気軽にお問い合わせください。